ツイッタランドの大喜利お姉さん

深田えいみの秘密

講談社

contents

ツイート、文も写真も自分です 8

写真の命は画角と構図！ 10

「大喜利」ってしばらく読めなかったんです。ダイキリ？ みたいな 12

プロフィールに「大喜利ＡＶ女優」って書いてあったら、フォローする言い訳になるんじゃないかって 14

大喜利のときは１枚。リプライのスクリーンショットと一つのツイートにまとめて見せるために 16

48 「結構です。ググればすぐ出るので」は最初ショックでした
50 ミッキーマウスでもアンチはいる
52 最初は「谷間出しときゃいいんだよ」って感じだった、あとお尻
54 送信する前に「私が深田えいみじゃなくて他人だったら、このツイートを見てどう思うか？」考える
56 七味事件の真相、全部お話しします
64 謝るのはいちばんつまらない結末。ツイッターでは負けを意味する
88 ずっと「女の子らしく」が苦手でした
90 お母さんにツイッターがばれた。逆境で考えたこと
92 本を読むのは、天才の頭の中が知りたいから

お金持ちになっておもしろいことがしたい 94
メイクは大好き。目指す顔はテリちゃん! 96
10年後を具体的に思い描かない、だからこそわくわくする 128
ディズニーランドのパレードでシンデレラを見て涙が止まらなくなった理由 130
やりたいと思ったことはまず人に言う。夢に人生を寄せる 132
ツイッターでは「可愛い」より「おもしろい」が勝つ。そしてエゴサはしない 134
AV女優×大喜利。掛け合わせれば世界に一つの肩書になる 136

@FUKADA0318

濡れ髪は好きですか

ツイート、
文も写真も自分です

深田えいみのツイッターって事務所がやってるんでしょ？　と、よく言われますね。でも、**写真を用意するのも、ツイートの文章を書くのも、全部私です。**

まずのせたい写真を選んで、それから言葉を考える。写真は、ＡＶのパッケージ撮影の後とかにカメラマンさんに撮っていただくか、もしくはマネージャーさんに撮ってもらってます。

日本のパッケージ撮影カメラマンさんのレベルはすごく高いんです。本当に神レベルで可愛く撮ってくれる。仲良しのカメラマンさんも多くて、「このあいだ撮ってくれた写真、５万いいね！　いったんです！　いろんな人に自慢してるんですよ」みたいに言うと「じゃあ今日も撮ろうよ！」ってさらに気合入れて撮ってくれたりして。

……本当に感謝してます。

マネージャーさんの場合は、普通に撮ってもらうと「もう……その画角じゃないの……」みたいなことになってしまうので、もう私が画角まで決めて、その前で自分でポージングしてます。こっちはもう「人を使った自撮り」ですね。

写真の命は
画角と構図！

月に15本くらいはＡＶのパッケージ撮影をしているので、どうやったら自分がいちばんきれいに写るか、どの画角がグッとくるか、だんだん学んできました。

自撮りはどうしても距離が近くて顔が縦に伸びてしまうので、私は絶対に他撮り派です。その撮っていただいた写真を、さらに自分でトリミングして構図を調整したり、拡大して顔に寄ったり、とにかく微調整を重ねてからアップします。特に私、斜めの構図が好きなんですよね。ツイッターの小さい画面をいっぱいに使える感じがあって。

タイムラインに流れてきたときに思わずタップしちゃうような写真を目指してます。

顔のアップは目に留まりやすいけど、服装やシチュエーションは伝わらないので、そういう時は1枚目に顔のアップ、2枚目に全身や引きの写真というように複数枚のせます。１枚目の目を引く写真でタイムラインからツイートを見つけてもらい、２枚目で服や全体を見てもらえたらいいかなと思ってます。

「大喜利」って
しばらく読めなかったんです。
ダイキリ？　みたいな

はじめて「大喜利《おおぎり》」という言葉が出てきたのは、ファンの方からのリプライ欄でした。でも実は最初は、というかしばらくの間「大喜利」の読み方も知らなくて、しばらくしてから、マネージャーさんに「これなんて読むの？」って聞いちゃったくらい。ダイキリ？　みたいな（笑）。

それでマネージャーさんが、例えとして「ＩＰＰＯＮグランプリ」や「笑点」なんかの話をしてくれたんですけど、どっちの番組も私あんまり観たことがなくて。「笑点」は知ってたんですけど、あれが大喜利だということは知りませんでした。

大喜利って本来は、お題に対して気の利いたおもしろい答えを出すことなんですよね？　だとすると**私の場合は、ツイートでお題を出してファンの人たちが勝手にリプライで大喜利をしてるってことなので、正確には大喜利じゃないのかな？（笑）**

なので実は今でも大喜利がなんなのかって、よくわかってないんです。「大喜利ってなに？」って聞かれたら、私、説明できないと思います。

プロフィールに
「大喜利AV女優」って
書いてあったら、
フォローする言い訳に
なるんじゃないかって

大喜利がはじまってから、フォロワーがぐんと増えました。プロフィールにちゃんと「AV女優」って書いてあるのに、AVファン以外の一般層の方や、女の子からもいいね！　とかリツイートをたくさんもらえることにびっくりしたんです。だってAV女優って、昔ほどじゃないにしてもまだまだ偏見があるじゃないですか。リツイートとかして、学校とか職場の人にいじられたりしないのかな、恥ずかしくないのかな、ためらいとかないのかなって、いろいろ心配で……。

そこで**「大喜利」っていう言葉がプロフィールに入っていたら、みんなが堂々とフォローできるかなとひらめいて！**　これなら「大喜利見たいからフォローしてるんだよ」って言い訳ができると思ったんです。会社員の方や奥さんや恋人がいる方、思春期の男の子に、そして女子にも、私をフォローして大丈夫な理由を用意してあげられるかなと。

なので、「大喜利AV女優」という言葉は、どうやったらフォロワーが増えるのか、フォロワーが堂々とフォローできるかを考えた結果、見つけた答えなんです。きれいやエロいだけだとフォロワーの数って限度があるな、って思ったんです。

大喜利のときは1枚。
リプライのスクリーンショットと
一つのツイートに
まとめて見せるために

大喜利ツイートにのせる写真は1枚、がルールです。

あとからファンからのリプライをスクショしてまとめて一つのツイートにするときのために。縮小されたときに、元のツイートの写真が4枚とかあったら、ちっちゃくてよくわかんなくなっちゃうじゃないですか。そのときに、元の写真が1枚だとすっきり見えるんです。たくさんの人が大喜利をおもしろがってくれてるので、楽しんでもらえるように日々工夫してます。

なんでも教えてあげる😉

@FUKADA0318

(´・ω・`)明智光秀が
本能寺の変を
起こした真相を
教えて下さいのだ

カズレモン根戸屋
OFFICIAL
@kazulemon_0117

不動産価格が
これから
どう変動するのか
教えてください

はせぴょ〜
@hasepyou_despe

なんでいちご狩りや
りんご狩りのように
もみじも紅葉狩りって
言うんですか？

y姐さん luv...
@y65769125

金属研磨の仕上げをしている者です。#80からペーパーを当ててゆき #2000まで上げた後、コンパウンドの3000番で磨きましたが目消しが上手く行きません。何かコツはありますか？

hoshi-0503
@hoshi_s2000

エンジン側のハーネスが切れてるのですが何の配線かわかりますか？ エンジンは普通にかかるしアイドリングもします。ほっといても大丈夫なやつですか？

りょーと
@minguri_s15

家族でリビングにいる時に
自分だけ蚊に刺されます。
何故ですか・・・
助けてください。。

紅茶さん
@ojurobanotami

英語で。
名詞の前に付ける前置詞は、
a でしょうか？
the でしょうか？

hachisuka0715
@hachisuka0715

会社を辞めたいのですが会社都合で
円満退職する方法を教えて下さい

電気屋@ミラ牧場
@MakiseP

違う、、
そうじゃないの、、
😌😌💭

@FUKADA0318

原付のエンジンが急にかからなくなってしまいました。ガソリンは入っているし、今日の昼までは普通に走行できていたのですが、、、。エンジンからガラガラと変な音がします。原因を、教えてください。

シルビア壊れラーメン
@kowareta_kuruma

近所に出るカモシカが畑を荒らしているらしくて、近所のおじいさんが怒ってるんですが、カモシカさんが民家の敷地に迷い込まないようにしてあげるにはどうしたらいいですか？ 最近は熊がめちゃくちゃ出てて、熊も怖いですが熊肉も食べてみたいです。あ、北海道の鹿肉は美味しかったです。

どろ（泥子 幸繁）@LINE スタンプ販売中
@mai_doro

柵をきちんと作るしか方法はないと思います。カモシカはなわばりがあるので、一時的に追い払っても効果が現れづらいはずです。

ニホンカモシカ
@Capri_crispus

c++ コンパイラ borland で

```
|
double a,b,c;
a=10.0;
b=0.0;
c=a/b;
printf("%f",c);
return 0;
|
```

を実行した場合コンパイルできますか？ できれば計算結果を、できなければエラー内容を教えて頂けませんか？

ちょめちょめ
@tapt_

Vue.js の vuex がいまいち理解出来ません
状態管理というのは何となく分かってるのですが
それによるメリットよりもデメリットの方が多いのかな？っと思っちゃいます

ナミザト
@namizatork

いつも絶起してしまって出席回数が足りず落単してしまって悩んでるんですけど、おすすめの起床方法、しっかり起きるためのルーティンなどがあれば教えて頂きたいです。

ヴァンパイア
@Vampireasupe

朝スッキリ起きるための対処法として、食生活の見直しがあげられます。睡眠ホルモンであるメラトニンの原料、トリプトファンを多く摂取するようにしましょう。肉や魚、鳥の卵、乳製品、大豆、納豆などはトリプトファンが豊富に含まれているのでおすすめです。

ああああ
@agasukides

違う、、Ｙａｈｏｏ知恵袋じゃないの、、😭

@FUKADA0318

これちょっと教えてください

Ⓡ
@ns1_reo

次の積分を計算せよ．

(1) $\displaystyle\int_0^1 \frac{1}{x^3+1}dx$

(2) $\displaystyle\int_{-1}^1 \frac{1}{x^4+x^2+1}dx$

(3) $\displaystyle\int \frac{1}{\sqrt{x^2+1}}dx$

(4) $\displaystyle\int \sqrt{x^2+1}\,dx$

(5) $\displaystyle\int \frac{\sqrt{x^2+1}}{x}dx$

(6) $\displaystyle\int_0^1 \sqrt{\frac{1-x}{1+x}}dx$

(7) $\displaystyle\int \frac{1}{\cos^3 x}dx$

(8) $\displaystyle\int xe^x \sin x \cos x\,dx$

(9) $\displaystyle\int_0^{\frac{\pi}{2}} \frac{\sin x}{\sin x+\cos x}dx$

(10) $\displaystyle\int \frac{1}{\sin x+\cos x+1}dx$

(11) $\displaystyle\int_0^{\frac{\pi}{4}} \frac{1}{\sin^2 x+3\cos^2 x}dx$

(12) $\displaystyle\int \frac{1}{(1+\cos x)^2}dx$

(13) $\displaystyle\int_0^1 \log(x^2+1)\,dx$

僕のおばあちゃんが、
認知症です。
本人は前より朗らかに
笑うようになりましたが、
1時間前の事が
思い出せません。
身体も衰え家の中を
ハイハイで移動しています。
僕はどうすればいいですか？
僕になにができますか？

なづき🐶ゆずる🌈　CREST
@fxxkingtome

宇宙の はしっこって どうなってるの

錐夜＠栽培係
@kiriyayuri

フェルマーの
最終定理について
教えて下さい

ふらんめ＠敗北者
@kamizyouhayate

さっき食べた
マグロの筋が
奥歯の隙間に
挟まってとれません。
どうすれば
いいでしょうか。

ピンセットで取れました！
ありがとうございます！

世界から
憎しみが
なくなる方法を
教えてください🙋

nabateä（ナバテア）
@na_batea

何かを認識する場合、
主観を離れた客観は
存在するかどうか

つよしっくす
@244sixx

人はなぜ存在しているんですか

ふらんすぱん
@FR4NCEP4N

いつコロナ終息しますか？

りさboy
@re9boy

@FUKADA0318

初22歳の撮影は不倫旅行もの💍🙌

君は
そーゆー事に
興味あったり
するの？☺❤

気持ち
いい所は
どこ🤗

@FUKADA0318

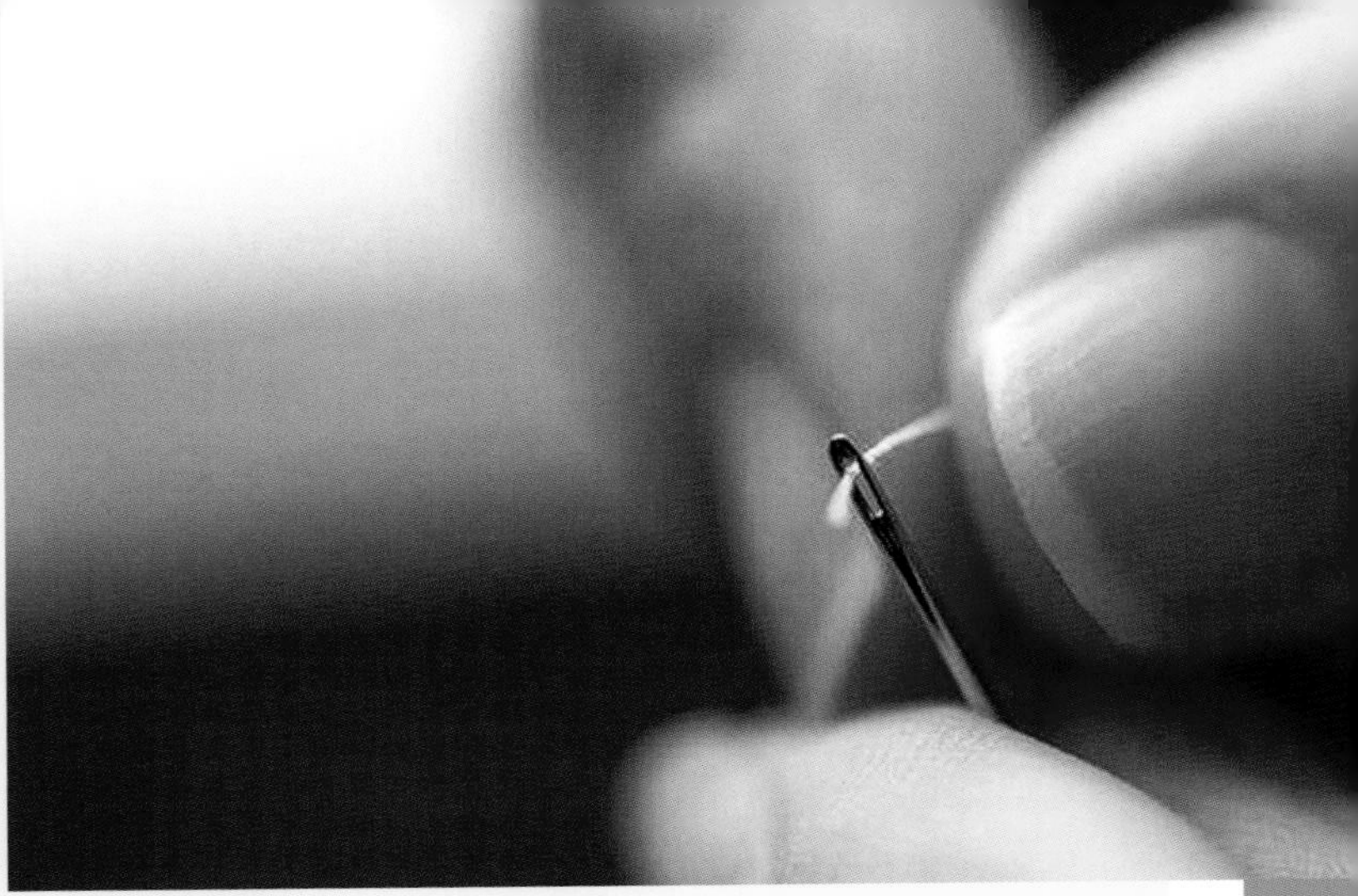

この瞬間です

Masa/ まさ 🐺
@masa___music

分かります、、
でも
どちらかと言うと
通すより
通される瞬間が
好きですね、、😌😌

@FUKADA0318

ここです！！！

POPHORN（ポップホーン）☆ポップスホルンカルテット
@POPHORN2004

福岡県糸島市は、野菜が美味しいし、のんびりとした田舎で気持ちがいい所ですよ♪
いつか来てくださいね！

筑前筑後 / ☆☆☆☆☆☆
@chikuzen_1982

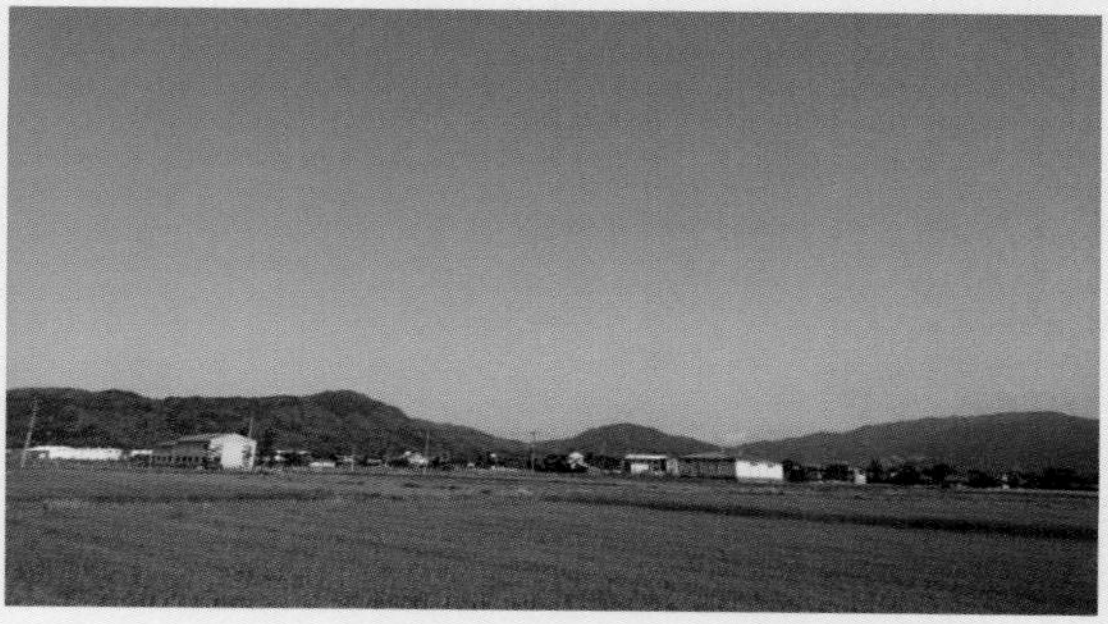

@FUKADA0318

今日の衣装ですと
渡されたのは
バスタオルでした
😌😌

1本でも立てるんですよ😉

好きな料理は小籠包です

小籠包は本当に好きです。いまはまっている食べ物はカレーナン。でも、辛いものは苦手なんです。食べたことのないものが食べたい！

@FUKADA0318

@FUKADA0318

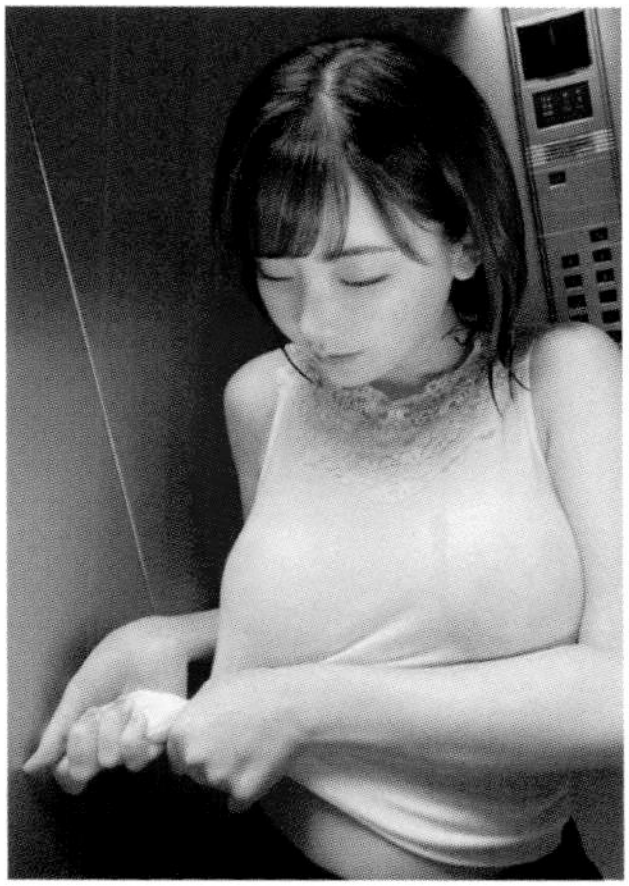

雨凄かったね😊☔

隠してる手
外して
欲しい？🥰

@FUKADA0318

結構です。
ググれば
すぐ出るので

やぎさわけんしん
@Lqunx

そんな悲しい事言わないでよ　ねえ😭😭

@FUKADA0318

「結構です。
ググればすぐ出るので」は
最初ショックでした

「深田えいみ」として活動をはじめた頃から、5ちゃんねるとか見るといろいろひどいこと言われてて、かなり病みました。

そんなとき、去年のちょうどクリスマスの頃でした。おっぱいを手で隠した写真をのせて「隠してる手外して欲しい？🥰」ってツイートしたら、「結構です。ググればすぐ出るので」ってリプライがきて。またアンチか……ってショック大きくて。

でも、ここで私が傷つくのは違くない？ って思い直して。リプライをスクショして「そんな悲しい事言わないでよ ねえ😱😱」ってツイートしました。誰かのリプライをスクショしてのせたのはこれが最初。それまでアンチに言い返したことってなくて、**この日はじめてアンチに言い返せたんです。**クリスマスに（笑）。

ツイートしたときは、まさかこんなにバズるとは思いませんでした。

でもこれをきっかけに、**アンチを懲らしめるのを逆手にとっておもしろくもできちゃうんだ**って気付いて。それからは、誰かの言葉に傷ついたり怒ったりすることがグッと減りましたね。もういいや、**アンチオッケーみたいな。**で、いま思えば、これが大喜利のきっかけだったんですよね。

ミッキーマウスでも
アンチはいる

私、すぐエゴサーチしちゃうんですけど、そうするとひどいこと言われてるのを見つけちゃうんです。それで病むんですけど、でもやめられなくてまたエゴサーチするという負のループにはまってしまい、一時期、本当に悩んでました。で、マネージャーさんに相談したら「ミッキーマウスにもアンチがいるんだから、しょうがなくない？」って言われたんです。確かに！　って光が差しました。**あんな究極の人気者でもアンチがいるんだったら、私にアンチがいるのは当たり前**じゃん、って。

そのあと、いろんな人の炎上を分析するようになって。でも、叩かれれば叩かれるほど「こいつ誰だ？」っていろんな人の目にとまるのに気づいたんです。それって嬉しいじゃないですか。**知られる形はなんでもいいかなって。そのあとに好きになってもらえばいい**し、知ったときがマイナスだとしても、そこから上がっていけばいいんだなと。知ってもらうことがいちばん大事だと思うんで。そこから病まなくなりました。

最初は
「谷間出しときゃいいんだよ」
って感じだった、
あとお尻

いわゆる大喜利をやるようになる前は、もっとごく日常のことなんかについてツイートしてました。「誰々ちゃんとご飯行ったよ！」とか。写真は胸重視。「谷間出しときゃいいんだよ」みたいなのばっかり。あとは時々、お尻。下着姿で、谷間！お尻！　谷間！　のほぼ繰り返し（笑）。でも、そういう写真ばかりツイートしてたらシャドウバン（※）されちゃって、リツイートされても私をフォローしてない人のタイムラインに表示されなくなっちゃうようになったんです。そうなるとフォロワーが増えなくなる。水着だとOKっぽいんですけど、下着だとすぐシャドウバンされちゃう。私、いままで8回くらいされてるかもしれません。やっぱり落ち込むし、解除されるのに10日くらいかかるし。

だから、**いかにもなエロい写真や下着の写真とかはやめました。**あと、電車の中でツイッターを開いたときとかに、いきなり過激な谷間やお尻の写真が出てきたら、ギョッとするじゃないですか。周りの人に見えたら恥ずかしいだろうし。それでフォロー外されたくないなって。**ツイッターではエロい写真で注目されるより、おもしろさを追求する、と決めたんです。**

※シャドウバンとは、SNS運営が不適切と判断したアカウントのツイートを他のユーザーの目に触れにくくなるように制限すること

送信する前に
「私が深田えいみじゃなくて
他人だったら、
このツイートを見て
どう思うか？」考える

私、いつも心の中で他人の目線で自分を見てる感じなんです。ツイートするときも「もし私が深田えいみじゃなかったらどう思う？」っていう目でチェックしてからします。「はぁ？」ってならないかな。ムカつかないかな。そんなふうに自分のツイートをチェックしてます。

「アイスクリームこぼしちゃった……。ぴえん」みたいな、きゃぴきゃぴしたツイート、私がしたって全然可愛くないじゃないですか。おもしろくもないし。そういうのはもう一人の自分が「ダメ」出しをするんです。

だから感情をそのままじゃなくて、伝え方でおもしろくする。「ぴえん」一つでも、本当に悲しい「ぴえん」じゃなくて、おもしろくするためにあえての「ぴえん」ならありかな、みたいな。

全人類、特に女子のファンも増やしたいって思っているので、可愛いよりおもしろいみたいなツイートを基本にしています。**可愛いは誰かを敵に回すこともあるけど、「おもしろい」は誰も敵に回さないじゃないですか。**

七味事件の真相、全部お話しします

七味のツイート……すごい炎上っぷりでしたね。炎上は、最初のツイートをした時点で予想はしていました。正直ちょっと想像を超えてバズってしまったので、まずいなという気持ちはありましたが（笑）。

でも実は、最初から自分なりの結末に向かうまでのシナリオを考えてはいたんです。

8月14日

RTの数だけ七味をかけて食べます！！！
#明日のお昼12時まで

6.5万
リツイート

7万
いいね！

8月15日

完全に
やらかしました…（絶望）

ツイート

6.2万件のリ

1.2万
リツイート

7.9万
いいね！

8月16日

今スーパーなう
です…（白目）

1.2万
リツイート

7.6万
いいね！

※記載のいいね！、リツイート数は9月11日現在のもの

8月17日

4.4万
リツイート

15.1万
いいね！

大変な事になりました…（震え）

8月14日にした最初のツイート「RTの数だけ七味をかけて食べます！！！」がまず6・5万リツイートいって。正直これは反応がちょっと予想超えてきたな……とは思いました（笑）。やばいなと。けど、想定内ではあったので、翌15日に「完全にやらかしました…（絶望）」。16日に「今スーパーなうです…（白目）」と、ツイートを続けました。

最初にツイートをした時点で、スーパーに七味を買いに行く写真も、マネージャーさんに食べさせている動画も、実は全部撮ってあったんです。最初に言ったように、そういうシナリオを考えていたので。だけどその日に全部ツイートするより、一つ一つのツイートをじっくりバズらせたほうがフォロワーがじっくり反応できる、楽しめるな、と思って、一日一つツイートしていったんです。

そのあたりで、炎上を知った事務所の会長から慌てて連絡がきました。会長は「予想外だったふりをして、きゃー食べられない！　ごめんなさい……。みたいに可愛く謝った方がいい」と言ってきたんですが、そんなアイドルみたいな反応、私がしてもつまらないじゃないですか。だから「私は謝りません。この炎上を作り上げたのは私なので、私が全部責任持って考えます」って答えたんです。

そして17日。大量の七味をぶちまけて撮影した写真と「大変な事になりました…(震え)」のツイートが、4・4万リツイート、15・1万いいね！　になりました。すごいですよね。

ここまでくると、最初から考えていた「マネージャーさんに食べさせるオチ」だけだと炎上はおさまらないだろうと思って、「七味をタッパーに入れて冷蔵庫に保存しました」というもう一つ進んだ結末を用意し、テーブルに直接触れていない、きれいな部分の七味を保管しました。けど、それでも炎上がおさまらなくて。

そんなとき、以前共演したことのあるレペゼン地球さんが「俺らだけ叩かれればいいんで、全部タッパー持って帰りますよ」って、突然ＡＶの撮影現場にきてくれたんです。ついでにＡＶの撮影を見学させて欲しいと言われたんですが、それはお

8月18日

マネージャー
お願いします
🙇🙇

7405
リツイート

3.5万
いいね！

8月18日

私の冷蔵庫が
七味で
染まりました🌶

1万
リツイート

9.7万
いいね！

断りしました（笑）。持っていかれた七味は焼き肉屋さんで配られたそうです。これはさすがに1ミリも予想してたシナリオではありません。予想外のことは起きる。でも信じていれば奇跡は起こる。そう学びました。そしてレペゼンさんには足を向けて眠れません。

「炎上してる間は生きた心地がしなかった？」と聞かれるんですが、今はもうエゴサーチをしたり、アンチっぽいリプライの内容を読んだりは一切してないので、結構どっしりしてましたね。マネージャーさんや会長は「生きた心地しなかった」と今でも言ってますけど（笑）。

炎上のあとも「現場で七味お姉さんと呼ばれました」とすぐネタにしちゃいました。私にとって大事なことって、いい人って思われるより、おもしろい人と思われて、フォロワーが増えること。深田えいみを嫌いだろうがなんだろうが、知ってもらっておもしろいって思ってもらえればそれでいいんです。

8月18日

今日のAV現場に…
レペゼン地球さんが乗り込んできて
七味を奪って行きました🌶

5698 リツイート

4.7万 いいね！

8月19日

今日のAV現場…スタッフに
深田しちみって呼ばれる恥ずかしい🙀

5988 リツイート

7.4万 いいね！

謝るのは
いちばんつまらない結末。
ツイッターでは負けを意味する

自分のしたことには自分で責任を取らなくちゃならない。それはそうです。でも、責任を取る方法に「謝る」という選択肢しかないのって思考停止だな、と思うんです。謝り方も実は難しいし、その場をおさめるためだけの謝罪は不誠実だったりもします。それどころか、相手を謝らせることでさらに優越感で勢いづいてマウントしてくるのが、悲しいですけどSNSです。だったら安易に謝るよりも、状況をしっかりと見極めて、その場に必要な対応をとる姿勢を貫き続ける、自分はなにをするべきか考え続けることが、責任を取るということかなって。

100%の悪いことをしたわけじゃないのに、炎上したというだけで謝ったら負けだし、それって自分のツイートに対する責任の放棄じゃないですか。**おもしろいことしようとしてツイートしたのに、炎上したから謝るなんて、いちばんつまらない結末**だなって思います。

私は自分の考えた七味ツイートが想定外に炎上していったとき、怖かったけど、いまは謝るタイミングじゃない。それよりもこの騒動のオチをちゃんとフォロワーに届けることが、炎上の責任を取ることだと考えていました。

お帰りなさいませ
ご主人様！
メニューは
何になさいますか

@FUKADA0318

もうなんだか
カチューシャつければ
メイドに
なった感はある😌😌

@FUKADA0318

お掃除
面倒くなっちゃった系
メイド🙎♀️🧹🥬

@FUKADA0318

休日は
自由の極みですね

どこでも
ほぐしますよ

@FUKADA0318

よろしくお願いします（緊張）

カリスマ THE END FANTA島
@fantasma_force

そんなにあらほぐさないでください
アッアッー（昂揚）

カリスマ THE END FANTA島
@fantasma_force

気持ち
いいですか、、
骨抜きに
してあげました😌😌

@FUKADA0318

どこから
ほぐせば良いのか
教えてください

おチャラさん（8月22日ラキラビ）
@pink_junkies

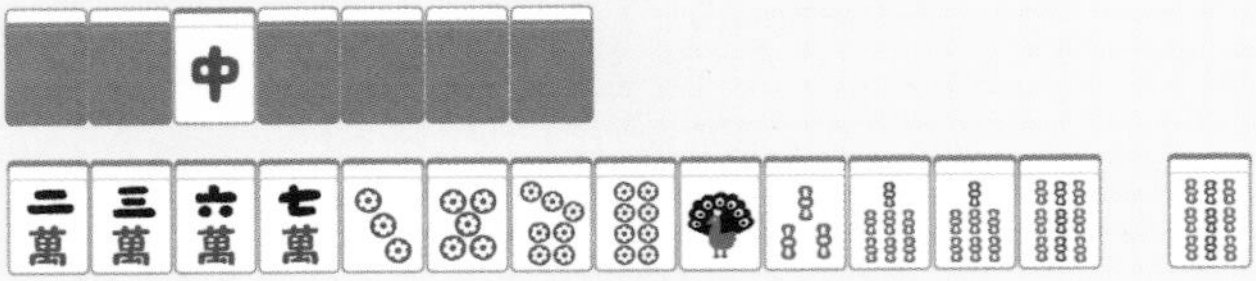

正解は7Sです。
こんなん
ノータイムでしょ。

エドワードのおとん
@usk81796163

場況によるとしか
言いようがないっす

7sと9sきりの差を
誰か教えて下さい

ゆーの
@yunoaomin

7sは自身で2枚使ってるので、その時点で2枚壁が出来てます。
なのでオリ打ちする際は9sが比較的安牌になりやすいので
残しておいた方がいいと思います。

ヒデ
@hidekkory

2019年の夏の
パーリーピーポー

2020年の夏の
パーリーピーポー

蒸し暑いですね

@FUKADA0318

ずっと
「女の子らしく」。が
苦手でした

子供の頃、女子とのおしゃべりよりも男の子と遊ぶのが好きでした。公園で鬼ごっこしたり、木登りしたり、虫採りとかに夢中でしたね。男子と女子2人ずつで遊びに行ったら、男子2人とももう1人の女子が好きだったこともありました。さすがにウケましたよ（笑）。2人ともかよ！　って。

私、全然モテなかったんです……。悔しかったから、モテるテクニックの本を読んで、おしとやかにしてみたこともあったのですが、すぐに我慢できなくなって校庭に走り出しちゃいました。

小2〜中2まで6年同じ男の子に片思いしてて、2回告白したけど実らなかった。顔が整ってて、涙袋ぷっくりしてて目がぱっちりしてて、可愛い寄りのかっこいい子だったな。すごくモテるんですけど、私にも優しく話しかけてくれて。小学生の頃はその子と一緒に公園で遊んだり、家に遊びに行ってカブトムシ相撲をしたりして。普通の友達として遊んでたけど、心のなかでは大好きで。当時は叶わない恋って辛かったけど、いま思うと片思いできるだけでもいいですよね……。

お母さんにツイッターがばれた。逆境で考えたこと

ＡＶ女優をしていることは、もともとぼんやりお母さんにも言ってあったんですけど、芸名は教えてなかったんです。でもなにかの話のときに流れで芸名を話しちゃって、それをググったのか「ツイッター見てるよ」ってＬＩＮＥがきたんです。さすがに身内に「見てるよ」と言われると心のストッパーがかかっちゃって、ああ、もうおもしろいことツイートできないってなっちゃったんです。

まずいな、どうしようって。でもこうなったんなら、この**「お母さん見てるとやだな」っていうもやもやした気持ちを公開しよう。逆にネタにしちゃおう！**って思って。実際そうしてみたら吹っ切れました。「最近、お母様にＴｗｉｔｔｅｒやってる事バレて恥ずかしかったです。裸より恥ずかしいですね。興奮しますね」というツイートがそれです。

親バレを暗い話にしたって余計重くなるだけだから、おもしろネタにして盛り上げちゃおうって。心の中に引っかかってるものがあって、うじうじ後を引くのが好きじゃないんです。

本を読むのは、
天才の頭の中が知りたいから

本は好きです。特に、天下取るくらいの人の頭の中身を知りたくて、そういう本をよく読んでいます。

最近だとローランドさんとかGACKTさんの本。天才と呼ばれるような人たちの思考回路が知りたいんです。**なんでこの人はこんな人と違うスタイルで成功したのかなって、頭の中を覗いてみたい。**

芸能人だけじゃなくて、ビジネスにも興味あるから、スティーブ・ジョブズや孫正義さんみたいな天才起業家や経営者、まだ出してないけど前澤友作さんが本を出すなら絶対読みますね。何十億っていうお金をぽんって使える人の考え方って、絶対フツーじゃないじゃないですか。前澤さん個人のファンではないしフォローもしてないけど、そこまでに至った考えの経路、頭の中が知りたいんです。

お金持ちになって
おもしろいことがしたい

私にとってお金って、おもしろいことをするためのもの。お金持ちになって贅沢な暮らしをしたい！　という野望は、実は私全然なくて。それよりも、おもしろそうなことに挑戦するためにお金が欲しい。タピオカ流行ってるから、タピオカのお店出しちゃおうよ！　みたいに躊躇《ちゅうちょ》せずカジュアルに踏み出せちゃう余裕に憧れます。

今年、これも夢の一つだったんですが、美容クリニックのプロデュースをはじめて、銀座にお店を出しました。ただの広告塔としてじゃなく経営全般に関わってます。もともと美容クリニックを出すのが夢だったので。とはいえこれは共同経営だし、自分だけではまだ何もできません。

でもこういう具体的な夢を一つ一つ実現させていきたいから、やっぱりお金はもっともっと欲しいです。そのために有名になりたい。

メイクは大好き。
目指す顔はテリちゃん！

ＡＶの撮影のときは、ヘアセットだけプロの人に頼んで、メイクは自分でしてます。もともとメイクが好きなのと、メイクさんにしてもらうと鏡で見ると陶器肌できれいなんですけど、自然光だと老けて見えちゃうのが好きじゃなくて。はじめは自己流でツヤ肌にしてたんです。でも、撮影はけっこう光をたくから、ツヤ肌にすると全部ハイライトになって顔が大きくなっちゃうんですよ。だから撮影のメイクではマットにします。ＡＶはツヤ肌向いてないなと、１年かけて学びました。

今目指してるのは、韓国のインフルエンサーのテリちゃんみたいな顔です。立体感のあるアーモンドｅｙｅ、ぱっちり繊細なまつげ、ぽわんと色づいたほっぺ、ちょっとオーバー気味のふっくらリップ。そして透明感。すべてが憧れです。芸能人への憧れがほぼないんですが、彼女だけは別。いつかお会いしてみたい人ナンバーワンです。

どこが
弱いの

@FUKADA0318

阪神タイガースという
球団が弱いです
シーズン始まって
1勝5敗という
絶望的な弱さなので
助けてください

欅虎
@Keyaki_Tora

セ・リーグ 2020/6/25 21:48 更新

順位	チーム	試合	勝	敗	分	差
1	巨人	6	4	1	1	-
2	DeNA	6	4	2	0	0.5
3	広島	6	3	2	1	0.5
4	ヤクルト	6	3	3	0	0.5
5	中日	6	2	4	0	1
6	阪神	6	1	5	0	1

かはんしんの方は
強くする事は
出来るのですが、、
お力になれない事を
悔みます、、😭

@FUKADA0318

自民党は伝統的に
沖縄と長野が弱いですが、
最近は東北も
弱まりつつあります。

藤怜志
@fuj_sato

今はこれが弱いです…

ナンと
カレーの
組み合わせに
弱いです…

むらしま
@Inshallah_mrsm

来た!!!

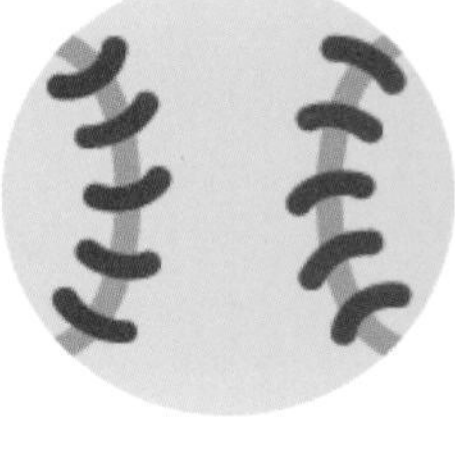

実はロッテファンじゃないです。マネージャーさんの知り合いがロッテのファンで、ユニフォームを借りてコスプレ感覚でツイートしてみたら、意外に伸びたってだけ。でも野球はおじさんに強いな！　と思いました。

@FUKADA0318

サックスは
吹けません、、
風です、、

@FUKADA0318

セックスは
できるでしょ?

欅虎
@Keyaki_Tora

喘ぎ声も
ミックスさせたいんやろな。

発情期で啓蒙的なD.T.
@gz9rtS01xtMCNuo

イク時の腰振りはマックスで。

Porque パラライカ

@RicmaroT

ホテルの請求はファックスで

どいやまる◢▎46

@hadasiseikatu

8% のタックスも忘れずに

ふじりょうた

@vvhhajmmw

10% のタックスになるかも

最弱氷雨雷夢 @ ⑨人間 🦋🌴🛏

@icePanzer_vor

キタキツネが持ってる菌なんだっけ

なにの

@aiurooooooogy

4 5 6 7
12 13 14
19 20 21 22
25 26 27 28 29

張り込みはやっぱり、
アンパンと牛乳よね！

@FUKADA0318

どこか
凝ってるところは
ありますか？

@FUKADA0318

ホットプレート料理に凝ってます！

筑前筑後 / ☆☆☆☆☆☆

@chikuzen_1982

歳のせいか
頭が凝り固まっており、
柔軟な思考が
できなくなってきました。
どうしたら
良いでしょうか？

きよきよ🌸（社内 SE）
@kyokyo1989

部屋の
インテリアは
結構凝ってます！

たくみ
@tkinjo1

ラップという歌唱法を
採用しつつ、
リスナーに hiphop としての
尺度で測らせず、
全く別の環境音楽・
実験音楽的な評価軸で
聴かせるということに
凝ってます。

EYE
@sa_na_da_da

最近
蛍光色の輪ゴムを
集める事に凝ってます。

NikitaSK8 〜裸の大将〜
@NikitaBesson

駅巡りに凝っています

玉山
@tmymgazonet

最近ラーメンの
カスタムに凝ってます！
固め・濃いめ・多めに
(これに入れてませんが)
ゴマとかラー油とか
入れると意外と
美味しいですよ、是非！

ベルち コー サン ボ チーム
@bergtwin_

EIMI's style

深田えいみ ファッションスタイル

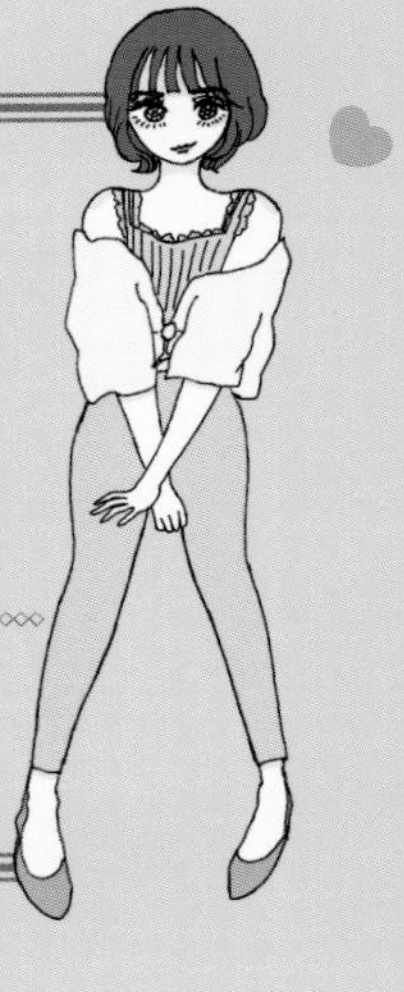

基本は、シンプルで大人っぽいファッションが好きです。ツイッターにあげてるＧＵとかＨ＆Ｍコーデは、あれ全部私服です。ネットだとフィット感がどうしてもわからないので、絶対に試着してから買う派。なので、お店には必ず行きますね。持ってるものも、シンプルな黒が圧倒的に多くて、次はベージュ。秋冬ならオレンジのニットをさし色で入れるくらい。それから最近は、全身黒のときにナイキの黄色のスニーカー履いて足元で遊んでます。昔は谷間の見えるセクシーなノースリーブなんかも結構着てたんですけど、街歩いててさすがにバレるようになったので、ほぼ着なくなりましたね。今はむしろ谷間よりもウエストのラインがわかるものが結構マストです。でも

GUコーデ

H&Mコーデ

ニットワンピ

ノースリーブ

コンサバ

カジュアル

勝負デートなら、やっぱり谷間の見える黒のノースリーブにロングのタイトスカート、ちゃんと高いヒールを履いていきます。そしたら深田本気だな、と思ってください。

男性のファッションですか？ 基本は断然シンプルがいいです。派手な柄モノとかは引いちゃいます。極端に言えばユニクロで十分。そこに例えば、実は靴とシャツは上質なものだよ、とかなら最高ですね。いかにもおしゃれとか、全身グッチみたいなブランド好きとかじゃなく、こだわるなら生地みたいな。ピアスとかネックレス、チャラいファッションなんかは全部ごめんなさい！ という感じです。

見たいですか🤗

@FUKADA0318

奥底まで
見たいです！

ノブZ
@novu_z

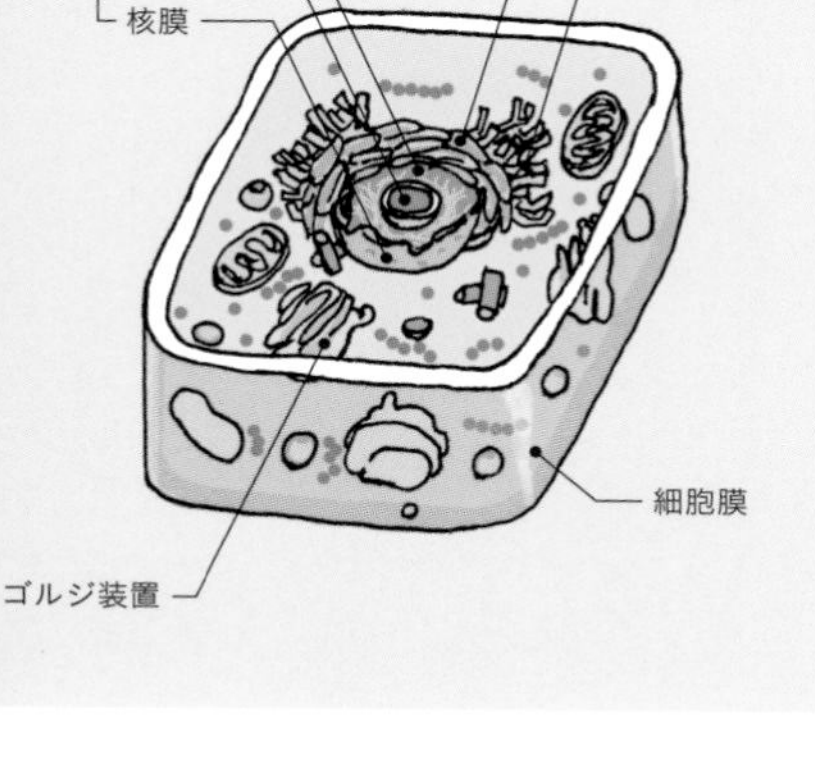

@FUKADA0318

うさぎ!!!

10年後を
具体的に思い描かない、
だからこそわくわくする

10年後どうなってたいとか、将来どうなりたいっていうイメージは、正直ないんです。一つだけ言えるのは、できたら予想のつかないくらいおもしろくなってたらいいなってことですね。

未来ってわからないからこそ、わくわくするじゃないですか。「深田えいみ」っていう名前じゃなく、私にしかなれない存在になれたらこっちのもんかな？ くらい。本当にすごい人って、名前じゃなくて、その人にしかできないなにかがすごいんだと思うから。

未来の自分に具体的な目標はないし、ましてや10年後どうなってるかなんて全く想像してません。だからこそ今を楽しみたいんです。

ディズニーランドのパレードでシンデレラを見て涙が止まらなくなった理由

ディズニーランドには女友達とよく行くんですが、実はそれほど好きってわけじゃないです。でも唯一テンションが爆上がりするのが、キャラクターのパレード。たくさんいる動物みたいなキャラには興味なくて（笑）、好きなのはとにかくプリンセス！以前、パレードで馬車に乗ってやってきたシンデレラを見たときに、「ああ、シンデレラだ……」って思った途端、涙が止まらなくなって。見た目とかじゃなく、仕草、指先までなりきってて。まるで物語からそのまま出てきたみたいにそこに生きてる。本物のわけないんだけどリアル……。この人はこのパレードでシンデレラになるためにどれだけの努力をしてきたんだろうとか、厳しいオーディションを勝ち抜いて選ばれたんだろうなとか、でもそんな裏側を全く見せず、**ここでシンデレラとして存在しててくれる、ありがとう……そんなことまでどんどん感情が連鎖して、胸が熱くなっちゃって。**

そして、こんなおとぎ話から出てきたようなきれいな顔になれたらな、でもどうしたってなれないんだよね……。そんな絶対叶えられない美に対する絶望も混ざって、いろんな感情がぐちゃぐちゃに出ちゃって、気づいたら涙が溢れてました。

やりたいと思ったことはまず人に言う。夢に人生を寄せる

やりたいと思ったことはまず人に言う、というのがモットーです。「〜やりたい」「〜になりたい」「〜に絶対行きたい」とか、なるべく口に出して周りの人に伝えるようにしてます。そうすると結構な確率でほんとに叶うんです。「焼き肉を食べに行きたい！」とか日常のどうでもいいようなことから、とにかく言う(笑)。遠慮したり恥ずかしがったりしないで、はっきりと言葉にしようと心掛けてます。

やりたいと思ったことは絶対やりたいけど、それが思い通りにならないときも、いじけたりくよくよしたりするんじゃなくて、夢が現実になるように自分で自分の人生をつくっていく。**結局、自分で宣言した自分に寄せていくんじゃないかと思うんです、人生って。**

ツイッターでは「可愛い」より「おもしろい」が勝つ。そしてエゴサはしない

私の中でツイッターって、可愛いやきれい、エロいアピールより、おもしろいことをつぶやいてこそのものなので。バズったりするのって大抵おもしろいものなんですよ。可愛いって反応ももちろん嬉しいけど、バズってみんなで笑いあってこそツイッターだなって思います。

そのために、他人のバズってるツイートはかなりチェックしてます。言葉のインパクトとか、句読点の使い方とかどうなってるのかなって。分析しつつ、真似じゃない自分らしいおもしろいツイートを追求してます。感情をむき出しにせず、ちょっと含みをもたせたツイートが私らしいかなとか。解釈の余地を残すのが好きなんです。

昔は単にいい写真がバズったりしてたんですが、最近はネタツイートの方がいいね！ の数が一桁多かったりします。ティックトックに動画をあげたときも「唐辛子の人だ」ってコメントがきて、なんだよーみたいな（笑）。でもいっかって。

ツイッターはやっぱり「おもしろい」が勝つプラットフォーム。そのためにとにかく**楽しくありたいので、絶対にアンチは見ない。**秘訣は「エゴサーチをしないこと」です。

ＡＶ女優×大喜利。掛け合わせれば世界に一つの肩書になる

いまのSNSにはきれいな人も、おもしろい人もいくらだっています。もし私がドラマや映画に出る女優さんだったり、芸人さんだったりしたら、いまと同じように大喜利ツイートをやっても、きっとこんなに注目はされなかったと思います。

私が見てもらえたのは、AV女優っていう小さな枠のなかでスタートできたから。メジャーとは言えないAV女優という狭い世界の人だったから、おもしろいことが目立ったし、小さな枠のトップになれたからこそ人の目を引いた。

ツイッターでフォロワー数の多い人達のなかで、AV女優ってまだまだ新しい隅っこのジャンルだと思うんですよね。そして、その隅っこのトップで満足するんじゃなく、**おもしろさにふっていったら、「大喜利」というジャンルに出会えた。**AV女優もたくさんいるし、大喜利はそれこそ芸人さんの武器なんでしょうけど、賢いファンのみんなのおかげで大喜利というゲームが成り立ってしまった。だから、AV女優×大喜利の掛け合わせで、世界に一つの肩書をつくれたんです。

どんなご褒美が
欲しいの

@FUKADA0318

鉛筆だけでいろんな人描いてます！！！
「いいね」か「リプ」か「ハグ」という
ご褒美ください！！！

あゆ☆みん
@ayuminn_2525

ハグとは言わず
「筆」下ろしでどうでしょうか、、😌

@FUKADA0318

社長はただいま席を外しております

何して欲しいのかなー😊？

@FUKADA0318

体育祭の団対抗リレー
変わってください

さわしょう＠もう死んでいる
@SawasyoS_S

林業に従事する若者を増やして欲しい

尻柱 ノリ＠デネブ
@abarenboupunks

安倍政権を
どうにかして欲しい

れん
@r4e2n4

吉野家
奢ってください

やっす
@kalcedon2000

ファブリーズ取ってください

ファブリーズ
@fab258

世界の問題を解決してほしい

@sakura_sakaset

そこの靴下
カゴに入れて

お姉さんと
何したい
の？

@FUKADA0318

水温が何度で
ラジエーターファンが
回り出すか確認したいので
水温計見といてください

野村圭市 NOMUKEN Jr.【圭ちゃん】
@sukebe_keichan

ひょうたんで
いろいろ作りたい
です (^^ゞ

ひょうたん すみじろう
@nagaoryuu33

お風呂にする？
ご飯にする？
それとも、🤗

@FUKADA0318

わ・が・し？

乳とお胸と時々おっぱい

@IheartNY51

それは「うまい」ですね、、座布団一枚、、😌😌

@FUKADA0318

みんな！私のBook

読んでくれたかな？

女の子に生まれてきたからには

可愛いメイクもしたいし色んな

ファッションにもチャレンジしたい…

だから、メイクの研究をしたり

ダイエットをしたり…

私も同じだよ

女の子って大変だけどそれが楽しい!!

とことん女の子を楽しんじゃおう

Emi

大喜利お姉さん

深田えいみ

staff

デザイン　藤榮亜衣
イラスト　ふゆ
編集　安永桃瀬

management

株式会社フォーティーフォーマネジメント

ツイッタランドの大喜利《おおぎり》お姉《ねえ》さん
深田《ふかだ》えいみの秘密《ひみつ》

2020年10月30日　第1刷発行

著者　深田《ふかだ》えいみ
発行者　渡瀬昌彦
発行所　株式会社　講談社
〒112-8001　東京都文京区音羽2-12-21
TEL　編集：03-5395-3400
販売：03-5395-4415
業務：03-5395-3615

印刷所　凸版印刷株式会社
製本所　大口製本印刷株式会社

ISBN 978-4-06-521743-6